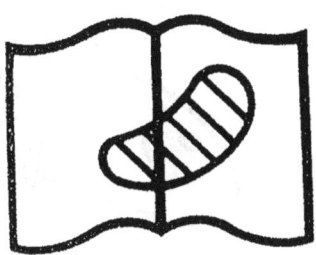

Illisibilité partielle

Valable pour tout ou partie
du document reproduit

Couverture inférieure manquante

Original en couleur
NF Z 43-120-8

UN ÉPISODE INCONNU

DE LA

VIE PRIVÉE DU BARON DES ADRETS

PAR

A. PRUDHOMME

Archiviste de l'Isère,
Secrétaire perpétuel de l'Académie delphinale,
Correspondant du Ministère de l'Instruction publique et du Comité
des Sociétés des Beaux-Arts des départements.

GRENOBLE

IMPRIMERIE F. ALLIER PÈRE & FILS
Grand'Rue, 8, cour de Chaulnes.

1887

UN ÉPISODE INCONNU

DE LA

VIE PRIVÉE DU BARON DES ADRETS

EXTRAIT DU BULLETIN DE L'ACADÉMIE DELPHINALE
3ᵉ Série. — T. XXI.

UN ÉPISODE INCONNU

DE LA

VIE PRIVÉE DU BARON DES ADRETS

PAR

A. PRUDHOMME

Archiviste de l'Isère,
Secrétaire perpétuel de l'Académie delphinale,
Correspondant du Ministère de l'Instruction publique et du Comité
des Sociétés des Beaux-Arts des départements.

GRENOBLE
IMPRIMERIE F. ALLIER PÈRE & FILS
Grande-Rue, 8, cour de Chaulnes.

1887

UN ÉPISODE INCONNU

DE LA

VIE PRIVÉE DU BARON DES ADRETS

PAR

A. PRUDHOMME

Archiviste de l'Isère,
Secrétaire perpétuel de l'Académie delphinale,
Correspondant du Ministère de l'Instruction publique et du Comité
des Sociétés des Beaux-Arts des départements.

I l'on connaît trop bien pour sa mémoire les sanglantes péripéties de la carrière politique et militaire du baron des Adrets, on sait peu de choses de sa vie privée. Ses biographes, Guy Allard[1],

---

[1] Guy Allard. — *Les vies de François de Beaumont, baron des Adrets, de Charles Dupuy, seigneur de Montbrun, et de Soffrey de Calignon, chancelier de Navarre*, Grenoble, 1675, in-12.

Brizard[1], Martin[2] et Rochas[3], ne nous donnent à cet égard que des renseignements confus et incomplets. Cette pénurie, qui rend précieuses les moindres notes relatives au côté intime de la vie du célèbre capitaine, explique l'intérêt que nous ont paru présenter quelques documents judiciaires et quelques lettres du baron des Adrets retrouvés récemment par nous dans les riches archives de l'hôpital de Grenoble [4]. Ces pièces n'apportent aucun fait nouveau à l'histoire des guerres religieuses en Dauphiné; mais elles fournissent quelques détails curieux sur les relations du baron avec l'un de ses enfants, inconnu à ses biographes, le jeune David de Beaumont.

François de Beaumont, baron des Adrets, avait épousé, le 26 mars 1544, Claude de Gumin de Romanèche, fille d'Antoine de Gumin[5], chevalier, seigneur de Romanèche, et de Louise de Rochefort de Cénas[6].

Les historiens ne sont d'accord, ni sur le nombre, ni

---

[1] [Brizard]. — *Histoire généalogique de la maison de Beaumont en Dauphiné*, Paris, 1779, t. I, p. 263.

[2] J.-C. Martin. — *Histoire militaire et politique de François de Beaumont, baron des Adrets*, Grenoble, 1803, in-12.

[3] A. Rochas. — *Biographie du Dauphiné*, Paris, 1856, in-8°, I, p. 96.

[4] Série H, n° 43.

[5] Voyez sur la carrière militaire d'Antoine de Gumin quelques documents inédits que nous publions en appendice.

[6] De son mariage contracté le 15 mars 1522 avec Louise de Rochefort, Antoine de Gumin eut deux filles : Claude, mariée au baron des Adrets, et Suzanne qui avait épousé David de Cleberges, baron de Saint-Trivier et Chavagneu-en-Dombes. Il mourut en février 1572. Après sa mort, un long procès s'engagea entre sa veuve et Suzanne de Gumin, d'une part, et le baron des Adrets, d'autre part, au sujet du partage de sa succession.

sur la religion, ni sur la destinée des enfants qui naquirent de ce mariage. D'après Brizard, le plus autorisé d'entre eux, le baron des Adrets aurait eu trois fils et deux filles.

L'aîné des fils, mort au siège de la Rochelle était, au dire de Théodore de Bèze, l'un des plus vicieux jeunes hommes qui fut en France : on ignore son nom.

Claude, le second, connu sous le nom de la Frette, était page du roi Charles IX. C'est lui qui, chargé un jour par ce prince d'aller mander le chancelier l'Hopital répondit au ministre, qui, en ce moment à table, renvoyait après son repas la conférence avec S. M. : « Comment faut-il retarder d'un moment lorsque le roi commande ? vite qu'on marche sans excuse ! » Et la dessus, il prit une des extrémités de la nappe et jeta toute la vaisselle à terre. Le chancelier ayant raconté cette algarade au roi, Charles IX se mit à rire en disant que le fils serait aussi emporté que le père. Davila et Chorier estiment que cet irascible page fut une des victimes de la Saint-Barthélemy et qu'il fût tué dans la maison même de l'amiral Coligny.

Quant au troisième fils du baron que Brizard appelle Laurent de Beaumont, il aurait été successivement gentilhomme ordinaire de la chambre des rois Charles IX et Henri III. Le même auteur croit le reconnaître dans un personnage désigné sous le nom de baron des Adrets le jeune, dans une lettre du roi Henri III, qui le 15 juillet 1580, lui fait don d'une somme de 100 écus[1]. A dater de cette époque on n'entend plus parler de lui.

Il était évidemment mort avant son père, puisqu'au

---

[1] Brizard, op. cit., t. I, p. 342 et t. II, p. 230.

décès de celui-ci, en 1587, les terres de la Frette et des Adrets échurent à sa fille Suzanne qui avait épousé, le 26 février 1574, Jean-Baptiste Roer, sieur de Ternavas et coseigneur de Saint-Étienne et de Monteux. Elle était alors demoiselle d'honneur de la duchesse de Savoie. Le baron, qui n'assista pas au mariage et s'y fit représenter par le comte de Montréal, donna à sa fille une dot de 3,000 écus[1]. Suzanne de Beaumont épousa en secondes noces, le 24 avril 1608, César de Vaulserre, dont elle n'eut point d'enfants. Par son testament du 18 octobre 1626, elle lui laissa tous ses biens, y compris le fief des Adrets, dont César de Vaulserre prit le nom.

La seconde fille du baron, Esther, épousa le 20 juin 1583, Antoine de Sassenage, seigneur d'Izeron.

Tels sont les seuls renseignements fournis par les historiens sur la famille de François de Beaumont. Les documents que nous publions permettront de les compléter et peut-être même de les rectifier.

Le 10 octobre 1578, la Chambre des Vacations du Parlement de Grenoble recevait la requête suivante :

A Noz Seigneurs de la Chambre ordonnée en temps de vaccations

Supplie humblement noble homme Jehan de Bellessert, prévost des mareschaulx à Saumur et ressort d'icelluy,

Comme ayant exercé le mesme estat de prévost des mareschaulx en Savoye, lorsque le Roy tenoit ledit pays, il avoit pris cognoissance et familiarité avec plusieurs gentilshommes de ce pays et de Daulphiné.

Ledit pays de Savoye, estant rendu et le suppliant de retour

---

[1] Archives de l'hôpital de Grenoble, série H, n° 43. — Nous publions cette procuration en appendice.

en son pays d'Anjou et ville de Saumur, pour la mémoyre du temps passé, il se seroit efforcé de fère plaisir et service, soit en cour ou en tous aultres lieux, non seullement à ceulx desquels il avoit eu cognoissance, mais à ceulx qui se recommandoient de ce pays de Daulphiné.

Qu'est la cause que ayant eu cognoissance de messire François de Beaumont, chevalier de l'ordre du Roy, baron des Adrets, estant ledit suppliant en Savoye et Daulphiné, et s'estant noble David de Beaumont, fils unique dudit seigneur des Adrets, qui suivoit la cour, estant à Saumur, au mois d'octobre 1577, addressé audit suppliant pour avoir moyen envers les marchands dudit Saumur d'avoir des draps de soye et aultres estoffes nécessères pour fère des habits honnestes et convenables, suivant la maison dont il est, ledit suppliant, pour les causes que dessus, et mesmes qu'il voyoit ledit noble David de Beaumont avoir bien besoing lors d'estre vestu, estant à la cour et loin plus de VI^{xx} lieux de sa maison, il se seroit volontairement obligé, voyre par submission de corps, pour ledit David, à plusieurs marchands de ladite ville de Saumur, pour les estoffes prises jusques à la somme de 597 livres 16 sols, laquelle somme il a esté despuys contrainct, voyre par contraincte en sa personne, de payer aux dits marchands, comme il fera apparoir par les obligations, exploits et quittances qu'il a en main.

Du XVIIe dudit moys d'octobre, ledit noble David de Beaumont se seroit obligé envers ledit suppliant pour lesdictes estoffes et somme de 597 livres 16 sols et par mesme promis luy fère payer dans Paris par ledit seigneur des Adrets, son père, dans la XV^{ne}, et, si ledit seigneur des Adrets n'estoit à Paris, venir avec en ce pays de Daulphiné pour le faire payer à son dit père tant de principal que des despens des voyages et aultres, ensemble dommages et intérêts.

Suyvant ce ledit suppliant se seroit transporté en la ville de Paris, où il n'auroit trouvé ledit seigneur baron des Adrets, ains seulement ledit noble David de Beaumont contre lequel, pour faulte d'avoir esté payé, il auroit prins acte du 2º décembre 1577.

Et despuis se seroit transporté exprès en ce pays et au lieu de la Tour-du-Pin, comme appert par ac'es du 6 septembre dernier, il auroit requis ledit seigneur baron de luy payer les sommes susdictes, lequel luy auroit fait response qu'il ne scavoit que c'estoit; que le suppliant preit pour reffus et, à son grand dommage, cognoit qu'il a esté trop facile à fère plaisir.

Présuppose néantmoings que par disposition de droict ledit seigneur baron est tenu de payer lesdictes sommes pour son filz, comme employées pour choses necessères et qu'un père doibt fournir à son enfant, eu égard à la qualité des maysons et du lieu où lors ledit noble David de Beaumont estoit devant les yeulx du seigneur Roy de France et de sa Court.

Et ja soit que les sommes demandées par le suppliant excédent la cognoissance de la Chambre, ce néantmoings la Chambre, s'il lui plaict, aura esgard non seullement à ce que ledit suppliant exprès en la présente cité, est estranger, esloigné de son domicille plus de vi^{xx} lieues, mais aussi qu'il est en charge de prévost des mareschaulx audit lieu et ressort de Saumur, où sa présence pour le debvoir de sa charge est instamment requise....; d'ailleurs il présuppose que ledit seigneur des Adrets ne fei.. difficulté, pour obvier à plus grands frais et despens, qu'il soye promptement procédé par devant la Chambre.

Ce considéré sera le bon plaisir de la Chambre retenir la cognoissance de la matière et .... appeler ledit seigneur baron des Adrets pour se voir condamner et contraindre à payer au suppliant ladite somme de 597 livres 16 sols contenue en l'obligation passée par sondit fils, ensemble les despens des voyages faits par le suppliant, etc.... Si ferez bien — Loriol.

Soit montré au Procureur général du Roy. Fait en la Chambre des vacations le 10 octobre 1578.... *(signature illisible)*.

N'empeschons attendu que le suppliant est estranger. Fait le 10 octobre 1578 *(signature illisible)*.

Lettres pour faire appeller partie.

Fait en ladicte Chambre le 10 octobre 1578.

Du Bonnet.

Le baron n'avait pas prêté grande attention à la réclamation que Bellesert était venu lui adresser dans son château de Romanèche, près de la Tour-du-Pin. Il s'était borné à répondre que son fils David se trouvait en ce moment à la cour du duc de Savoie, et qu'il ne pouvait tenir pour sérieuse une dette dont le jeune homme ne lui avait jamais parlé. Toutefois, lorsqu'il apprit que le prévôt avait présenté requête à la Cour, il se prépara à se défendre. Le 21 octobre il adressait la lettre suivante à son procureur Basset, frère du célèbre avocat Félix Basset.

Monsieur le Procureur, je vous attandois à dimanche, comme Charlonnis m'avoyt dit, où j'esperois fayre conlte avecque vous de toutes les procédures que vous avés fait pour moy et payemens; toutesfois se sera à vostre commodité et quant vous voudrés. Au demeurant j'ay entendu qu'il y a un sertain affronteur, se dysant prouvost de Saumur, qui a présenté quelque requeste à la cour avec une obligation qu'il dit que mon fils luy a faicte et que je dois la paier, attandu que c'est pour des allimans et nourristure; ce qui est du tout faux, comme il se pourra byen vérifier, et dis et souttiens que l'obligation est fausse et doit estre cassée et annullée, attandu en premier lieu que je présuppose que mondit filz estoit moindre de quatorze ans et filz de famille et tout ce qui luy a esté baillé a esté hors de propos et sans que j'en aye esté requis; et tout ce qu'on luy a baillé, ce qui valloit un sou, ils l'ont mis à un escu, ainci qu'il leur a pleu, car mondit filz n'avoit faulte ni d'habillemans ni de nourriture, attandu qu'il manjoit à la table et avec M. de Bussi d'Amboise; quant a habillemens, il en avoit autant qu'il luy estoit nécessayre ainci que vous verrés : premièrement des grecgues de taffetas noir fort renforcé, doublées de taffetas collombin avec trois passemans d'or et de soye violleste et un pourpoint de mesme sans passemans, un manteau long de drap de Berri, de couleur de feuille morte, avec le casaquin de mesme, passementé d'or et de soye violette, un bas de soye noir, etc. Sur quoy je vous prie, si ledit prévost a fait sa demande, de la conférer à M. l'avocat, vostre frère, lequel pourra fayre ses responses, selon le contenu de ma lettre, laquelle je soutiens estre véritable à peine d'une amende de 500 livres; et oultre cela il y ajoutera de ce qui est de son estat et de son scavoir et je le satisferay à nostre première veue. Je vous prie conférez le tout avec M. l'avocat Bouffin et lui montrés ceste lettre, vous priant bien fort, Monsieur le Procureur, y tenir bien la main afin que je ne fusse surprins en rien, et vous m'obligerés de plus en plus à vous fayre playsir de telle afection, comme je me recommanderay de bien bon cueur à vostre bonne grasse, priant Dieu qu'il vous doint, M. le Procureur, parfaicte santé longue heureuse vie.

De la Frette le 21 d'octobre 1578.

Vostre bien bon et parfait amy,

Les Adrès.

Il paraît que les vêtements « *renforcés* », de couleur sévère, dont l'austère baron entretenait son fils ne plaisaient que médiocrement au jeune page. Ces grégues de taffetas noir avec passementeries violettes, ce manteau long de drap feuille morte lui semblaient un accoutrement bien lugubre pour un jeune homme de quatorze ans qui avait vu de près les splendeurs de la Cour. Aussi par une réaction naturelle à son âge, il s'était fait faire, aux frais de Bellesert, un costume éclatant de soie et de velours blanc et rouge, agrémenté de passementeries et d'aiguillettes.

En voici la facture rédigée avec cette science des détails dont nos modernes tailleurs n'ont point perdu le secret.

Mémoire de la marchandise que j'ay fournye pour le filz de M. le baron des Adrets, le 16e octobre 1577.

Premier j'ay baillé unze aulnes et demye demy quart veloux incarnat, prix faict à XI livres l'aulne, monte: VI^{xx}VIII l. VII s. VI d.

Plus trois aulnes trois quartz satin rouge cramoysi, prix faict à XII livres l'aulne. . . . . XLV l.

Quatre aulnes et demye boucassin blanc fin, à XXV solz l'aulne . . . . CXII s. VI d.

Six onces soye cramoisie, prix faict à cinquante sols l'once. . . . . XV l.

Troys aulnes taffetas huict filz incarnadin à IX livres l'aulne. . . . . XXVII l.

Plus cent huict aulnes tavelle de fyne soye incarnadine double, prix faict à troys solz l'aulne. . . . . . . XVI l. IV s.

Plus demye aulne velous rouge pour ung foureau de pi- tolle, prix faict à XI livres l'aulne monte. . . . . CX s.

Ung bonnet de nuict de damas cramoisy, garny d'ergent, prix faict à VI livres. . . . . VI l.

Une payre jartyère de sory fortes, prix faict à LX sols : LX s.

Plus cincq douseynes bouttons de soye à double estoille, à dix solz (la) douseyne . . . . L s.

Une peyre gans garniz d'or, prix faict à. . . . . . . XX s.

Plus j'ay baillé vingt une aulnes tavelle de sory à troys sols l'aulne monte . . . . LXIII s.

Demye aulne demy-quart velous blanc à xi livres l'aulne.................... vi l. xvii s. vi d.
Ung bonnet de velours noyer avec un crespe de soury, prix faict à vii livres dix sols............ vii l. x s.
Une douseyne et demye bouttons de soye cramoizie à longue queue pesant deux onces, à soixante solz l'once, fasson et soye monte.................... vi l.
Plus deux gros soye cramoizie pour couldre, vallant x s.
Trois quars taffetas rouge six filz fort vallant.. LXXV s.
Une once soye vert perlée vallant...... xxxii s. vi d.
Une aulne toille pour doubler vallant........ xxv s.
Plus demye aulne vellous tanné pour metre sur les chausses à botter, prix faict à xii livres l'aulne.... vi l.
Plus j'ay baillé douze aulnes passement de fyne soye, pour mettre sur les chausses à botter, pezant deux onces, prix faict à trente sols l'once, monte............ LX s.
Ung cordon de gaze vert pour son chapeau.... xxv s.
Plus j'ay baillé ung quart et demy taffetas incarnadin pour doubler les chausses à botter, vallant......... xxx s.
Deux gros et demy soye cramoizie vallant...... xii s.
Troys gros passemens rouge cramoisi....... xxv s.
Une douseine bottons de soie à double estoille.... x s.
Deux douseines et demye bouttons vers pour son lacquais........................... xi s.
Deux douseines esguillettes de soye, à xviii s. la douseine........................... xxxvi s.
Plus payé au marchand Gigon pour ung bas de soye la somme de vingt-cinq livres.
Les parties cy-dessus ont été fornies par moy Geoffroy Ouvrard, marchand de dras de soye, demeurant à Saumur, le xviie octobre 1577.

OUVRARD.

Le 9 décembre, l'affaire vint à l'audience de la Cour. L'avocat de Bellesert, Loriol, fils du célèbre jurisconsulte

Pierre Loriol, raconta comment cinq ou six mois après qu'il fut sorti des pages, le jeune David de Beaumont vint à Saumur, où se trouvant sans argent et sans vêtements, il demanda à Jean de Bellesert de lui prêter quelques écus ou de répondre pour lui auprès des marchands. Le prévôt qui avait rencontré en Savoie le baron des Adrets et connaissait sa solvabilité, n'avait pas cru devoir lui refuser ce service. Il l'avait conduit chez les meilleurs marchands de Saumur et lui avait prêté cent livres. La bourse pleine, le jeune homme n'avait pas tardé à quitter Saumur et à regagner Paris, où il comptait bien éblouir ses anciens amis, les pages, par l'élégance de son costume. Quand vint le quart d'heure de Rabelais, les fournisseurs présentèrent leurs factures à Bellesert et, comme celui-ci hésitait à payer, ils le firent emprisonner. Après quelques jours de prison, le prévôt dut s'exécuter.

En terminant sa plaidoirie l'avocat insinua que la femme du baron étant morte, le jeune David possédait un patrimoine personnel où l'on pouvait aisément trouver de quoi acquitter cette dette.

Félix Basset, avocat du baron, développa successivement les quatre arguments suivants : 1º le jeune David actuellement âgé de moins de seize ans n'a pu s'obliger sans l'autorisation de son père; 2º la somme demandée est exagérée : elle est le résultat d'une entente frauduleuse entre Jean de Bellesert et les marchands; 3º le fils du baron était page du roi et, comme tel, nourri et vêtu par S. M.; il ne manquait donc de rien; 4º payer cette dette, ce serait encourager tous les fils de famille à emprunter à tout propos et à manger leur blé en herbe. Il conclut au rejet de la demande.

Loriol réplique que l'argent prêté au fils du baron était

destiné non à de folles dépenses mais à l'achat de vêtements indispensables. Quant à l'accusation d'entente frauduleuse avec les fournisseurs, il ne la discute pas, attendu que son client est noble et ne saurait être soupçonné. Enfin, il est inexact de dire que le jeune David était page lorsqu'il vint à Saumur : à cette date, il y avait cinq ou six mois qu'il ne faisait plus partie des pages.

L'avocat général Félicien Boffin, présente à son tour ses conclusions : il admet la fraude, attendu qu'il ne faut pas tant d'argent pour habiller un enfant ; d'autre part, ce serait faire injure au roi que de croire qu'en quittant sa cour ses pages en sont réduits à emprunter pour s'acheter des vêtements. Il insiste pour que le demandeur soit débouté.

Malgré l'appui du Ministère public, la cour après avoir fait jurer à Bellesert qu'il avait réellement payé les sommes réclamées, condamna le baron à rembourser au prévôt le montant de sa créance avec tous dépens, dommages et intérêts.

A cette nouvelle, des Adrets entra dans une violente colère et s'emporta en menaces et en injures contre ces magistrats, qui avaient dû céder à un sentiment de rancune contre sa personne, à moins qu'ils n'eussent été achetés par son adversaire. Ce qui augmentait encore son irritation, c'est qu'il venait d'apprendre que les cinq cents livres réclamées par Bellesert, n'étaient qu'une bien faible partie des emprunts contractés par son fils : ce précoce dissipateur avait à l'âge de quatorze ans près de sept mille francs de dettes. Or, payer un créancier, c'était inviter les autres à se présenter. Aussi le baron était-il décidé à user de tous les moyens que la loi mettait à sa disposition pour éviter ou du moins reculer cette terrible échéance. Au président de Molardrond et à l'avocat général Boffin qui lui avaient écrit pour tacher de dissiper ses injustes préventions contre le Parlement, il répondait le 17 janvier 1579 :

MESSEIGNEURS, j'ai receu vostre lettre pleyne de bon advis et conseil. Suyvant vos prudentz et sages conseil et advis je m'y suis contraint (?) à ne récuser point tout le corps de la court, combien que je cognoisse que ma partie a des particulières intelligences à Grenoble, et vous diray cella, que je vous avoys caché, qu'il faut que je poursuyve ce fait par toutes voyes de requette et civiles que je porrey, car j'ai découvert mon filz estre ung fou naturel, car il doibt six ou sept mil francz qu'il a joué et dépendu follement avant qu'atendre l'eage de quatorze ans. Je l'ay vestu despuys sept moys en ça par troys foys et bailhé toutes les foys six ou sept vingtz escuz, lesquels il a tout joué et décipé; et suyvant l'arrest prétendu ce seroit ouvrir la porte à toutes personnes qui ont heu afaire avec mondit fou et me destruyre de tout et me priver de mon bien paternel et de celluy que j'ay acquis avec tant de labeur et de hazard, de façon que je me veux déffendre par toutes voyes que je porrey pour conserver mon bien. Vous promettant neantmoins par la foy que je dois à Dieu ny me départir jamais de l'amour de ma patrie, ny de celle que j'ay portée au corps de la court et de l'obéyssance et révérence que je leur ay toujours montrée. Je ne treuve pas estrange que ma partie se soit montrée difficille pour la faveur qu'il a eue extraordinaire, de laquelle il peut toujours jouir, et ne le veuz jamais rechercher de nul appoinctement, quoy qu'il en advienne ; et s'il vous playt jugor bien sans passion, la chambre qui m'a jugé a procédé avec moy extraordinairement, me condempnant à tous despens (et) fraiz soubz une obligation d'ung enfant de familhe moindre de quatorze ans. Je diz que quant moy mesme heusse emprumpté d'argent pour me rachepter des Turcs, ilz n'y heussent point procédé de ceste rigueur. Je ferey fin à ma lettre par mes bien humbles et obéissantes recommandations que je présente à voz bonnes grâces, priant Dieu, Messeigneurs, vous donner en parfaite santé heureuse et longue vie.

De Romanesche, le XVIIe janvier 1579.

Vostre humble et obéyssant alié et affectionné serviteur,
Les Adrès.

Cette grande colère paraît s'être apaisée, grâce aux sages conseils de l'avocat général Boffin, dont les relations d'amitié avec le baron des Adrets ne laissent pas que d'étonner un peu. C'était, en effet, ce même magistrat qui, le 6 juin 1562, alors que le Parlement et la Chambre des Comptes de Grenoble étaient traînés au prêche par le baron des Adrets à travers une haie de deux mille soldats huguenots, n'avait pu retenir une protestation contre la violence faite à la liberté de conscience et à la dignité de la Cour. Sévèrement blâmé par le terrible capitaine, il avait dû s'exiler pour échapper à sa vengeance.

Il est vrai que, depuis lors, des Adrets s'était rallié au parti catholique dont Félicien de Boffin était un des champions les plus autorisés. Craignant une nouvelle défection, l'avocat général s'attachait à ménager l'irascible vieillard et lui offrait les conseils de sa haute expérience dans l'administration de ses affaires, alors assez embarrassées.

Dans la lettre suivante, adressée le 10 juillet 1580, au procureur Basset, le baron, sans renoncer absolument à la lutte, semble admettre la possibilité d'un accommodement.

Monsieur le Procureur, je vous prie de m'envoyer les exploictz contre Jehan Jordanet et contre ung des Bruns, qui sont les interposition de décret, et sy Charlonis ne vous a ballié assés d'argent, ce que vous manderés que se montera, ledit Charlonis vous balliera. J'ay entendu, il y a quelques jours que le provôt de Saumur est à Grenoble poursuyvant l'exécution de ses arrests : il me semble que les despens ont été taxés par M. Danières. Je vous prie, escripvés m'an ce qui en est et lui faittes ouffre que, sans entrer en despens, je luy ouffre des biens soit meubles ou immeubles, comme il vouldra, à son élexion, des biens du légat de mon fils, ou bien des miens ; car atendu la despance que j'ay faitte despuys la venue de la Reyne[1] que au voyage que j'ay faict à la court que aussy celle qui me convien faire pour accompagner Mgr du Maine en ses guerres, et attendu la povretté du peuple, il n'y a moien de retirer d'argent d'eulx. Et le tout vous coucherés mon offre, sans préjudice de la requeste cyville, et ainsi comme vous aurés advis de M. l'avocat Boffin, auquel vous en porrés communicquer, et aussy en aurés advis de Monsieur l'avocat vostre frère, me recommandant en cest endroict à vostre bonne grace, priant Dieu, Monsieur le Procureur, vous donner en perfaicte santé bonne et longue vie.

De la Fraitte, ce x^e juillet 1580.

Vostre bien bon et vrey ami,
LES ADRÈS.

Comme on le voit, le soin de ses affaires n'absorbait pas à ce point le vieux capitaine, qu'il ne continuât à prendre une part active aux événements militaires. La lettre suivante, qu'il écrivait deux jours après au même procureur, témoigne qu'il y apportait encore à l'âge de soixante-dix ans une ardeur toute juvénile.

MONSIEUR LE PROCUREUR, nous espérions aller la plus

---

[1] Le voyage de Catherine de Médicis à Grenoble, où elle séjourna du 22 juillet au 16 septembre 1579. — Cf. J. Roman, *Catherine de Médicis en Dauphiné (1579)*. — *Bull. de l'Acad. delph.*, 3e série, XVII, p. 316.

grand partie de la noblesse de ceste vallée à Gière soubz ung mandement que Byard avoit faict fère, doubtant d'estre forcé, et voulions prendre une résolution tous ensemble pour aller combattre l'ennemy, s'il en venoit; mais ayant entendu qu'il estoit retiré et le maulvais temps qu'il a faict, nous sommes demeurés jusques à une aultre foys, et sommes tous résolus ensemble, au premier abord que l'ennemy fera, de l'aller combattre sur le bord du Drap soit en passant ou repassant.

Mlle de Saint-Trivier[1] a faict donner ung adjournement personnel à trois de mes serviteurs, comme vous verrés et à M. de Ternavas, qui tend à aujourdhuy, pource qu'ilz ont couppé de boys en ma forestz, que j'ay tousjours possedé paisiblement despuis de le décès de feu M. de Romanesche, comme aussi j'ai faict le pré qu'ils ont faict faucher; il n'y a heu ni violences ni maulvais propos dictz; vous y respondrés et montrerés ma lettre à Messieurs de la Cour et à Messieurs les Gens du Roy. Vous verrés une lettre que le Berthon m'escript comme mes gens sont tous malades et M. de Ternavas est allé au devant de Mgr le duc du Maine, et vous verrés la coppie d'une requeste que vous présenterés à mesdits seigneurs de la Cour : c'est la substance du faict et la vérité; vous la limerez ung peu mieulx et la mettrés en termes de justice affin de garder mes gens de surprise. Je vous envoye six testons, attendant que j'aille à Grenoble, me recommandant à vostre bonne grace, pryant Dieu, Monsieur le Procureur, vous maintenir en la sienne.

A la Freste ce 12 juilliet 1580.

Vostre bien bon ami,
LES ADRÈS[1].

---

[1] Suzanne de Gumin, femme du baron de Saint-Trivier, belle-sœur de des Adrets.

Trois jours après, le 15 juillet 1580, le roi Henri III faisait don au baron des Adrets le jeune, d'une somme de 100 écus qui dut lui permettre de désintéresser le prévôt de Saumur. Il résulte, en effet, des documents que nous venons de citer que le personnage désigné par le roi sous le nom de baron des Adrets le jeune, ne peut être que David de Beaumont qualifié dans tous ces actes de fils unique de François de Beaumont.

Ainsi se termina cet épisode de la vie privée du baron des Adrets dont il nous reste à formuler les conclusions.

I. — A la liste des fils de François de Beaumont et de Claude de Gumin de Romanèche, doit être ajouté le nom de David de Beaumont, né vers 1562-1563, successivement page du roi Henri III et gentilhomme de la Cour du duc de Savoie. Ce jeune prodigue ne paraît pas avoir survécu à son père et dut mourir avant d'avoir atteint sa vingt-cinquième année.

II. — Si l'on attribue à David de Beaumont le don de 100 livres fait, le 15 juillet 1580, au baron des Adrets le jeune, l'existence de Laurent de Beaumont, troisième fils du capitaine huguenot devient très douteuse[1].

---

[1] Il y avait à cette époque en Dauphiné un Laurent de Beaumont, mais il appartenait à une autre branche de la famille.— Cf. Brizard, I, 259 et Archives de l'hôpital de Grenoble, H, 43.

APPENDICE

Nous croyons intéressant de compléter cette notice par quelques documents relatifs au baron des Adrets et surtout à son beau-père, Antoine de Gumin, que Maugiron chargeait, en 1562, de défendre la Tour-du-Pin contre les soldats de son gendre.

Le plus curieux de ces documents est une lettre *entièrement autographe* du capitaine huguenot adressée, en 1580, à son procureur Basset, au sujet d'un procès qu'il poursuivait depuis 1572 contre sa belle-mère, Louise de Rochefort, dame de Romanèche. En effet, si cette lettre ne relate aucun fait important, elle nous donne un spécimen, que nous croyons unique, de l'écriture et de l'orthographe du célèbre capitaine. A ce titre, nous avons cru que les collectionneurs nous sauraient gré de leur en donner un fac-simile qui remplacera dans leurs cartons les autographes de des Adrets jusqu'à ce jour à peu près introuvables.

L'écriture du baron est longue et ferme : sa main paraît avoir manié aussi facilement la plume que l'épée. Quant à l'orthographe, elle dépasse en incorrection fantaisiste tout ce que nous avons rencontré jusqu'ici. Il faut des efforts de sagacité pour retrouver sous cet assemblage hétéroclite de lettres les mots qu'a voulu écrire le baron, et deviner par exemple que « *je suis a san* » signifie « *je suis absent,* » que « *s'et ung nouveho fet* » doit être lu « *c'est un nouveau fait,* » et surtout que dans « *avouher mouian* » on doit retrouver « *avoir moyens.* »

Ce rarissime autographe appartient aux archives de l'hôpital de Grenoble auxquelles nous avons emprunté tous les éléments de ce récit. Ce riche dépôt contient un assez grand nombre de documents qui portent la signature de des Adrets. Ils proviennent du cabinet du procureur Basset, dont l'un des successeurs Georges Charvet légua, vers le milieu du xviiie siècle, sa fortune et ses papiers à notre établissement hospitalier. Ensevelis dans des sacs de procédures, ces précieuses pièces restèrent inconnues jusqu'au jour où, chargé de rédiger le catalogue des archives de l'hôpital, nous avons eu la joie de les découvrir parmi des monceaux de paperasses sans intérêt.

I. — *Quirieu, 11 mai 1562.* — *Lettre de Maugiron aux consuls de la Tour du Pin.*

Messieurs les Consuls de la Tour du Pin, j'extime que vous pouvés avoir entendu comme les séditieux et rebelles au Roy, qui se sont, contre la volenté de S. M., saisys d'aulcunes villes de ce pays de Daulphiné, ont vollu, pour attirer le peuple et subjectz dudit seigneur à eux, pour les accompagner à leurs malheureuses et séditieuses entreprinses, faire entendre par leurs faulces inventions que le Roy et (la) Royne, sa mère, estoient detenuz captifz et prisonniers, et que leurs assemblées avec les armes ne tend à aultre fin que de les mettre en liberté, chose faulcement controuvée, voullans, soubz tel prétexte, donner couleur à leurs fassinemens et séditions, qui ne tende que au détriment de la chose publicque et entière expoliation de l'autorité du Roy; et pour ce que Sadite Majesté, aiant entendu la mors inominieuse de feu M. de la Motte Gondrin, m'a créé son lieutenant général en ce pays de Daulphiné, en l'absence de Mgr le duc de Guise, j'ai avisé, aiant descouvert que les séditieux se veullent mectre dans le chasteau de la Tour du Pin, de vous fère ceste dépêche, en m'assurant de vostre fidélité et obéissance envers Sadicte Majesté, par laquelle je vous prie et ordonne que vous faictes entrer en garde dans ledit chasteau, jour et nuict, de douze à quinze hommes les mieux armés qu'il vous sera possible, qui seront soubz la conduite du sieur de ̄.. ᴓnesche, cappitaine dudit lieu, ou autre tel qu'il nomera, à ce que, pendant que je assemble les forces de S. M., ils n'aient moien d'exécuter leurs malheureuses entreprinses. A quoy vous ne ferés faulte, en contraignant les habitants de la ville et mandement à vous assister à ladicte garde, chescun en son endroit et à tour de roolle, sans qu'il soit besoing vous envoyer pour ce effect aultre commission que la présente lettre, priant Dieu, Messieurs les consulz, vous avoir en sa garde. De Quirieu ce XIe de may 1562.

Despuys ma lettre j'ay dépesché une commission au capitaine Torcheffellon pour assembler cinquante arquebuziers à cheval dans vostre ville, où vous leur ferés fournir vivres et utensilles, en observant madicte commission de poinct en poinct.

    Vostre bien bon et antier amy,

              MAUGIRON [1].

---

[1] Bibliothèque de Grenoble, Mss. R 80, t. XI, fo 55.

II. — *La Tour du Pin, 7 juin 1562.* — *Ordre donné par le baron des Adrets au capitaine Portes de venir tenir garnison à la Tour du Pin et Morestel.*

Francoys de Beaulmont, seigneur des Adretz, gentilhomme ordinaire de la chambre du Roy, collonnel des légions de Daulphiné, Provence, Lionnoys et Auvergne, esleu général en chefz des compaignies assemblées esditz pays pour le service de Dieu, la liberté et délivrance du Roy et de la Royne, sa mère, et conservation de leurs estatz et grandeurs ausditz pays, au cappitayne Portes, salut.

Pour ce que aux lieux de la Tour du Pin et Morestel est besoing pour le service desdictes Majestés est besoing *(sic)* de pourveoir à ce que quelque trouble ou sédition s'esmeuve entre les habitans, tant pour le faict de la religion que aultre, soubz couleur d'icelle, ou bien que les faulteurs de ceux qui tiennent la majesté du Roy, celle de la Royne, sa mère, en trop indigne captivité, qu'un chacun scait, ennemis tout oultre du repoz et tranquillité publicque, ne fassent aucunes entreprises sur lesditz lieux et fortz, ou sur les circonvoysins, en la fiance que nous avons de vostre suffisance et désir que vous avés à l'avancement de la gloyre et honneur de Dieu et que l'estat des susdictes majestés soyt maintenu en l'honneur et révérance qu'il appartient, vous mandons et ordonnons, en coumectant par les presentes, que incontinent vous vous acheminiés avec vostre compaignie esditz lieux de La-Tour-du-Pin et Morestel, où vous demeurerés et ferés demeurer en garnison les souldartz de vostre compaignie, asscavoyr le nombre de vingt d'iceux au lieu de Morestel et le reste de vostre dicte compaignie en ladicte ville et chasteau de la Tour du Pin, ausquelz lieux nous commandons aux manans et habitans d'iceux vous recepvoyr et loger et vous fournir de vivres, victuailles et aultres choses pour vostre honneste nourriture et entretènement : asscavoyr au chascun de vosdictz souldartz à raison de cinq soulz tournoys pour jour, et à vous, vos lieutenans, enseigne, et aultres officiers .... au chacun selon voz qualitez; à quoy fère nous voulons les habitans d'icelles avec leurs circonvoysins qui, en tel cas ont accoustumé leur ayder et contribuer, estre contraingtz par toutes voyes deues et raysonnables, le chacun pour sa part, sellon le taux et conpartement que par vous justement sera faict, ainsi que pourra cognoistre vostre bonne conscience et que par vous sera empesché que aucun abus y soit faict, nous vous commectons, mandant, commandant et ordonnant à tous justiciers et officiers qu'il appertiendra et à tous aultres à qui il touche qu'ilz ayent, pour le contenu en vostre présente commission, à vous conplaire et faire tous exploictz requis et nécessères, sur peyne d'estre pugnis et chastiés comme rebelles, ainsi que de ce faire nous vous enjoignons et commandons très expressément.

Faict à la Tour-du-Pin soubz noz seing et scel le 1er jour de juing mil cinq cens soixante deux.

LES ADRÈS[1].

III. — *1562.* — *Parcelle de ce qu'a esté despendu, oultre les vivres des estappes à La Tour du Pin par la gendarmerie et aultres.*

Premier, M. le lieutenant Rémy arriva à ladicte Tour du Pin accompagné d'environ 80 hommes tant de cheval que de pied le XIXe d'aoust 1562 et despendit en pain..... 4 l. 15 s. etc...

Et pour ce que ledit sieur Rémy nous vouloit contraindre d'avoir un ministre, lesdits consuls pour captiver sa bénévo-

---

[1] Bibliothèque de Grenoble, Mss. R 80, t. XVI, f° 11.

lence lui firent présent de six chappons achétés ... à 5 sols pièce ...

Pour le louage d'un cheval et journée d'ung homme qui le guyda jusques à Bourg (?), 14 s.;

M. de la Robynière est arrivé avec six vingt hommes le 15⁰ septembre et séjourna deux jours ....

Et oultre ce lesdits consuls ont respondu .... pour la despence de M. de Bernyn faicte les xv⁰ xvi⁰ xvii⁰ septembre 1562 ... 21 livres .....

M. le baron des Adrets acompagné d'environ sept à huict cents hommes de cheval et deux mil cinq cens de pied passa une nuict à ladicte Tour du Pin, où l'on luy bailla la collation, et feut despendu par eulx ce que s'ensuyt respondu par lesdits consulz aux sous-nommés :

En pain pris de Anthoine Pacallin, Guillet Mortier et La Braiette, 15 l. 11 s.;

Et en groz pain pris de certains particuliers de la ville... 7 l.;

En vin pris de Pierre Charbotel, Nicolas Borin et Anthoine Boissat et Jan Vion, seze somées, ung barral, à quatre florins la somée, monte 39 l. 12 s.;

Avoine ... 9 sesterées 5 bichettes monte 30 l. 16 s.;

Fromage.... deux quintaux cinquante cinq livres, à douze livres le quintal, monte 30 l. 12 s. 6 d.;

Chaverilles et torches .... 50 s. 3 d.;

Pour trois guydes tant de pied que de cheval qui guidèrent ladicte gendarmerie jusques à La Verpillière, 50 s.;

La compagnie de M. de Cordon arrive le xx⁰ de novembre 1562, oultre ce qu'est en aultre parcelle, despendit en chair ce que s'ensuit :

Moutons, trente deux (ou) trois quartiers, 99 florins;

Chair de beufz .... 32 l. 6 s.;

Fromage... cinq quintaux et demy, à douze livres le quintal, monte 66 l.;

Vin ... sept somées ung barral, à quatre florins la somée, monte 18 l.;

Pour deux quintaux lard..., à dix livres le quintal, monte 20 l.;

Pour chandelles ... 2 l. 5 s.;

Plus cinq setiers d'avoine ... à 3 l. 4 s., monte 16 l...;

Pour trois charrettes qui menèrent jusques à Morestel les hardes et mallades, 45 s.;

La compagnie du cappitaine Torchefellon, oultre ce qu'est sus l'aultre parcelle, a despendu ce que s'ensuyt :

En huyle vingt-sept potz, à 8 s. le pot, monte 10 l. 16 s.;

Sel .... 12 l. 4 s.;

Plomb, quarante livres, à deux solz la livre, monte 4 l.;

Bois ... 45 l.;

Poulalie comme perdrix, bécasses et chappons, baillés à Madame, 7 l. 10 s.;

En beurre frais pour le cappitayne et soldatz, 4 l. 10 s.[1];

IV. — *1er décembre 1562.* — *Estat et taux faict par nous Anthoine de Gumyn, chevalier, sieur de Romauèche, cappitaine et gouverneur de La Tour du Pin, ordonné pour le service du Roy en garnison au chasteau dudit lieu par Mgr le duc de Nemours, général des armées assemblées par S. M. en ce païs de Daulphiné, Provence, Auvergne, Languedoc, Lyonnois et aultres, et par Mgr de Maugiron, gouverneur et lieutenant général en cedit païs de Daulphiné, en l'absence de M. le duc de Guise, sur ce que les consuls de ladicte Tour du Pin forniront aux dix soldatz que nous avons mis audit chasteau pour chascun jour. Ce premier de décembre l'an mil cinq cens soixante deux à l'Incarnation.*

Premièrement lesditz consulz forniront ausdits dix soldats, chacun jour dix solz de pain;

Chacun jour, quinze pots de vin;

---

[1] Bibliothèque de Grenoble, Mss. R 80, t. XI, f° 58.

Chacun jour, mengeant chair, une livre de lard ;
En chair de beufz, chacun jour cinq livres ;
Et demy mouton, que sont deux quartiers chacun jour ;
Aux jours qu'on ne menge chair, outre le pain et vin :
Chacun jour, cinq livres fromage ;
Pour les œufs et autres adjuvures (?) de Caresme, chacun jour, six sols ;
D'huile de noix, chascun jour, un quart ;
Plus chascun jour, qu'on menge chair et non, une livre de chandelles [1].

V. — *Roolle des soldardz estant en garnison pour le Roy nostre sire au chasteau de la Tour du Pin, soubz la charge du seigneur de Romanèche, cappitaine et gouverneur dudit lieu, commis par Mgr le duc de Nemours en l'absence de Mgr de Maugiron, lieutenant général et gouverneur du Daulphiné, en l'absence de Mgr le duc de Guise.*

Premièrement noble Jehan Mareschal, lieutenant dudit seigneur de Romanèche audict chasteau, ayant deux places,
Pierre le bastard,
Francois de Mieudre, escuyer,
Gabriel Don Jehan, escuyer,
Jehan de Ruyns, escuyer,
Denis Magnin,
Jehan Petit-Jehan,
Claude Bolengeat Bollonit,
Claude Bertrand-Collette,
Disdier de Bourd'Oysans,
Pierre Jas,
Loys Jas,

---

[1] Bibliothèque de Grenoble, Mss. R 80, t. XI, f° 58.

Jean de la Croix dit Mareschal,
Mᵉ Estienne Teremin, barbier,
Claude Passe, dit Varlet,
Anthoine le Picard,
Mᵉ Aymé Jas, que ledit seigneur de Romanèche a prins pour scribe et sécretaire,
Jehan de Savoye [1].

VI. — *La Tour du Pin, 23 mars 1562, 63. n. st. — Quittance délivrée par Antoine de Gumin aux consuls de la Tour du Pin pour les frais d'entretien de la garnison.*

Nous Anthoine de Gumyn, chevalier, sieur de Romanèche, cappitaine et gouverneur de la Tour du Pin en l'absence de M. de Maugiron, gouverneur du Daulphiné [2], ordonné en garnison au chasteau dudit lieu de La Tour du Pin et circonvoysins, suyvant ma commission demeurant rière Mons., confessons avoir receu réallement des consulz de La Tour du Pin par les mains d'honnête Jan Boissat, leur commis, plain et entier paiement de ce que lesdits consulz nous estoint tenuz pour nostre despense et de noz chevaulx, pour tout ce mois de mars, suyvant les cottisations par eulx sur ce faictes tant sus eulx que leurs aydes, oultre la despence de noz soldatz fornye à part par lesdits consulz. En foy de quoy nous avons signé la présente ce xxiiiᵉ mars 1562 à l'incarnation.

VII. — *Procuration passée par le baron des Adrets au comte de Montréal pour assister au mariage de sa fille Suzanne avec Jean-Baptiste Roer, sieur de Ternavas.*

Comme ainsi soit que mariage par cy devant soit esté

---

[1] Bibliothèque de Grenoble, Mss. R 80. t. XI, f° 63.
[2] Lisez lieutenant du gouverneur.

pourparlé entre le sieur Jean Baptiste Roer, fils de sieur Charles Roer, sieur de Ternavas et conseigneur de Saint-Étienne et de Monteu, d'une part, et damoyselle Suzanne, filhe de messire François de Beaumont, baron des Adrets, sieur de la Frête et chevalier de l'ordre de France, estant à présent ladite Suzanne l'une des filhes damoyselle de très haulte très illustre et très exelente princesse Mme la duchesse de Savoye et de Berry, d'autre part; et ce du consentement et bonne volonté de très hault et puissant prince, Mgr le duc de Savoye et des parens plus proches desdictes parties respectivement, mesme dudit sieur baron des Adrets, lequel, en conformité du bon plaisir de leurs Altesses, se contentant que tel mariage soit accompli et ne pouvant neanlmoings, pour aultres siens très-hurgens affaires, se treuver à la solemnité d'icelluy, ne aux contractz que à cest effaict il conviendra passer, a establi et constitué, établit et constitue ses procureurs généraulx et spéciaulx [2]... scavoir est Monsieur le comte de Montreal absent, moy notère royal dalphinal soussigné recevant pour eulx,.... pour et au nom dudit sieur baron assister tant aulx fiansaies que espousalies d'entre lesdits mariés futurs et aux contractz que sur ce il conviendra passer, mesmes au contract de constitution de dotte et d'augment et aultres conventions et pactions dotales, qu'il conviendra fère pour cest effaict, et par icelluy contract constituer, au nom dudit sieur baron, pour dotte et en nom de dotte à ladite d^lle Suzanne, sa filhe, oultre ce qu'il a pleu à Leurs Altesses déclairer de luy vouloir donner, la somme de 3,000 écus de monnoie de Piedmont, à raison de 8 florins monnoie susdicte de Piemont pour chacung escu, paiables, les 2,000 lors de la célébration des nosses ou aultre tel bref delay et en tel lieu et en telles mains qu'il plairra à l'altesse

---

[1] Il devait y avoir deux procureurs, mais le nom du second est resté en blanc.

de madicte préfiger, suyvant l'offre ja cy-devant à elle faict par ledit baron, lequel promet et donne pouvoir à sesdicts procureurs de promectre à son nom le paiement des aultres mil escus restans estre faict en deux années suyvantes, à commencer après la première année desdictes nopces et au bout de chascune desdictes deux années 500 escus. Dans laquelle dotte de 3,000 escus, constituée comme dessus, entend ledit sieur baron estre comprinse la somme de 150 escus, à quoy sont advaluées certaines bagues livrées à ladite d^{lle} Suzanne par la dame des Adrets, sa mère ; entend aussi que moyennant ladicte constitution de 3,000 escus .... ledit sieur Jean Baptiste, son futur mary soit tenu de luy constituer 1,500 écus de semblable valeur que les 3,000 susdits en augment et acroist de sadite dotte, le tout, du consentement et avec l'autorité dudit sieur Charles Roer, sieur de Ternavas, lequel assignera sur tous ses biens les sommes susdictes et spécialement sur Ternavas ou aultre, pour la surté desdictes dotte et augment, cas de restitution et paiement advenant telz qui seront speciffiés cy-après : scavoir est que advenant le décès de ladite d^{lle} Suzanne avant sondit mary sans enfans leurs communs, sondit mary et ledit Charles, son père, soient tenuz audit sieur baron des Adrets à la restitution desdits 3,000 escus par luy payés comme dessus ; mais si elle laisse des enfans survivans, ladicte dotte leur demeurera ; et advenant le décès dudict sieur Jean Baptiste avant celuy de ladicte d^{lle} Suzanne, sans enfans, ledit sieur de Ternavas le père soit tenu ... de restituer à ladite d^{lle} ladicte somme de 3,000 escus, ... et oultre ce luy paier ladicte somme de 1,500 escus accordée pour accroist ou augment, comme dessus ; mais s'il y a des enfans dudict lict ledit sieur de Ternavas ou les siens ne seront tenuz fors à la restitution de ladicte dotte ; et quant à l'augment et accroist susdit il sera audit cas au choix de ladite d^{lle} de en retirer la moitié pour en disposer à son plaisir, sans préjudice toutes fois du droit des enfans, ou bien de retirer le tout pour en jouir, sa vie naturelle durant, des fruictz qui en proviendront, asseurant la propriété auxdits enfans. Entend de plus ledit baron des Adrets que, en contemplation d'icelluy mariage et à celle fin que ledit sieur Jan Baptiste, son filz, ait moien de se entretenir honorablement et ladite d^{lle}, (Charles Roer) ait dès à present à donner à sondit filz, par donation à cause de nopces, tout ce qu'il tient tant en jurisdiction et aultres biens feudaulx et allodiaulx esdits lieux de Ternavas, Saint-Étienne et de Monteu, vallantz mil escus de revenu annuel, s'en reservant seulement ledit père les fruictz sa vie durant, pendant laquelle il ait à entretenir honorablement sondit fils et belle filhe, et en cas qu'ilz ne se contentassent dudit entretènement, il ait à donner à sondit filz des biens vallant trois cents escus de revenu annuel jusques à la mort dudit sieur de Ternavas; après laquelle sondit filz et belle filhe auront les fruictz et propriété de Ternavas, Saint-Estienne et Monteu, comme dessus dit.

Toutes lesquelles conventions et pactions ledit sieur baron a donné et donne à sesdits procureurs ... pouvoir et auctorité de accepter et accorder ... promettant ... de ratiffier ... garder et observer ... renonçant etc. — Fait et passé à Grenoble, dans la maison d'habitation de Guigues Gros, marchant, en rue Saint-Laurent. Presents : Pierre de Gumyn, escuier, de Romanesche, demeurant avec ledit sieur constituant et Jehan Basset, clerc de la Tour du Pin, habitant audit Grenoble, soubzsignés et le dit sieur constituant ... ce vingtiesme jour du mois de février mil cinq cens soixante quatorze. —

Les Adrès, de Romanèche, Basset, présents, Et moy Jehan Basset, notaire royal dalphinal habitant audit Grenoble recepvant — Basset [1].

---

[1] Archives de l'Hôpital de Grenoble, H 43.

VIII. — *Vers 1582*. — *Lettre entièrement autographe du baron des Adrets à son procureur Basset.*

Monsieur le Prouqureur. Vous verrés une coupie de Madame de Roumanèche, bien qui se souet équivouqué à n.on nom. Ge vous prie aviser se qui serat nésésère y fère pour elhounger les esploués, mesmes que s'et ung nouveho fet et que je suis asan, et ousi pour avouher mouian de fère mon enqueste sus l'espiliasion, et avizer où il serat melheur et plus à prépous là fère, ipsi ou à Grenouble, et, selon que vous m'avertirés, je ferey; et quant il serat bezouin et nésesère, girey à Grenoble, me recoumandan bien for à vostre bonne grâce, prian Dieu, monsieur le prouqureur vous donner, en parfette santé, bonne et longue vie. De Romanèche, ce douzieme de guin.

Vostre bien bon et parfet ami à vous houbéir·
                                            Les Adrès [1].

---

[1] Archives de l'Hôpital de Grenoble, H 48.

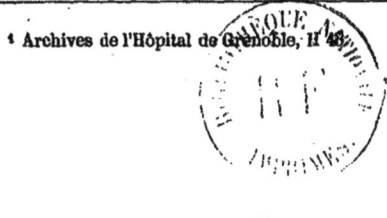

Planche(s) en 2 prises de vue

Lettre entièrement autographe du Baron des Adrets
au Procureur Basset.

Monsieur le procureur vous verres une
copie de madame de romanesse bien qu'il se sonet
equivoque (à mon nom) de vous prie aviser ce qui serat
meilleur à fere pour echanger ce seplome
mesmes que j'ey ung nomme So fet et que je suis
mon anqueste sur le spliation et aviser on
si serat meilleur et plus a prepos. La fere
je p[r]i on a grenoble et selon que vous m'advertires
je ferey et quant il serat bezouin et ne se fere
j'irey a grenoble me recomanderas bientost
a nostre dieu

d giro, a grenoble me recumanderes bien
a bre bonne gre prian dieu
monsieur le prongurenr von domeran
parfette sante bonne et longue vie de
romakorse le douzieme de mai

vre bien bon et parfet
ami a vous sonbein [signature]

www.ingramcontent.com/pod-product-compliance
Lightning Source LLC
Chambersburg PA
CBHW060643050426
42451CB00010B/1205